RAPPORTS DU JURY INTERNATIONAL

PUBLIÉS SOUS LA DIRECTION

DE M. MICHEL CHEVALIER

LAINES

PAR

M. LOUIS MOLL

PARIS
IMPRIMERIE ET LIBRAIRIE ADMINISTRATIVES DE PAUL DUPONT
45, RUE DE GRENELLE-SAINT-HONORÉ, 45

1867

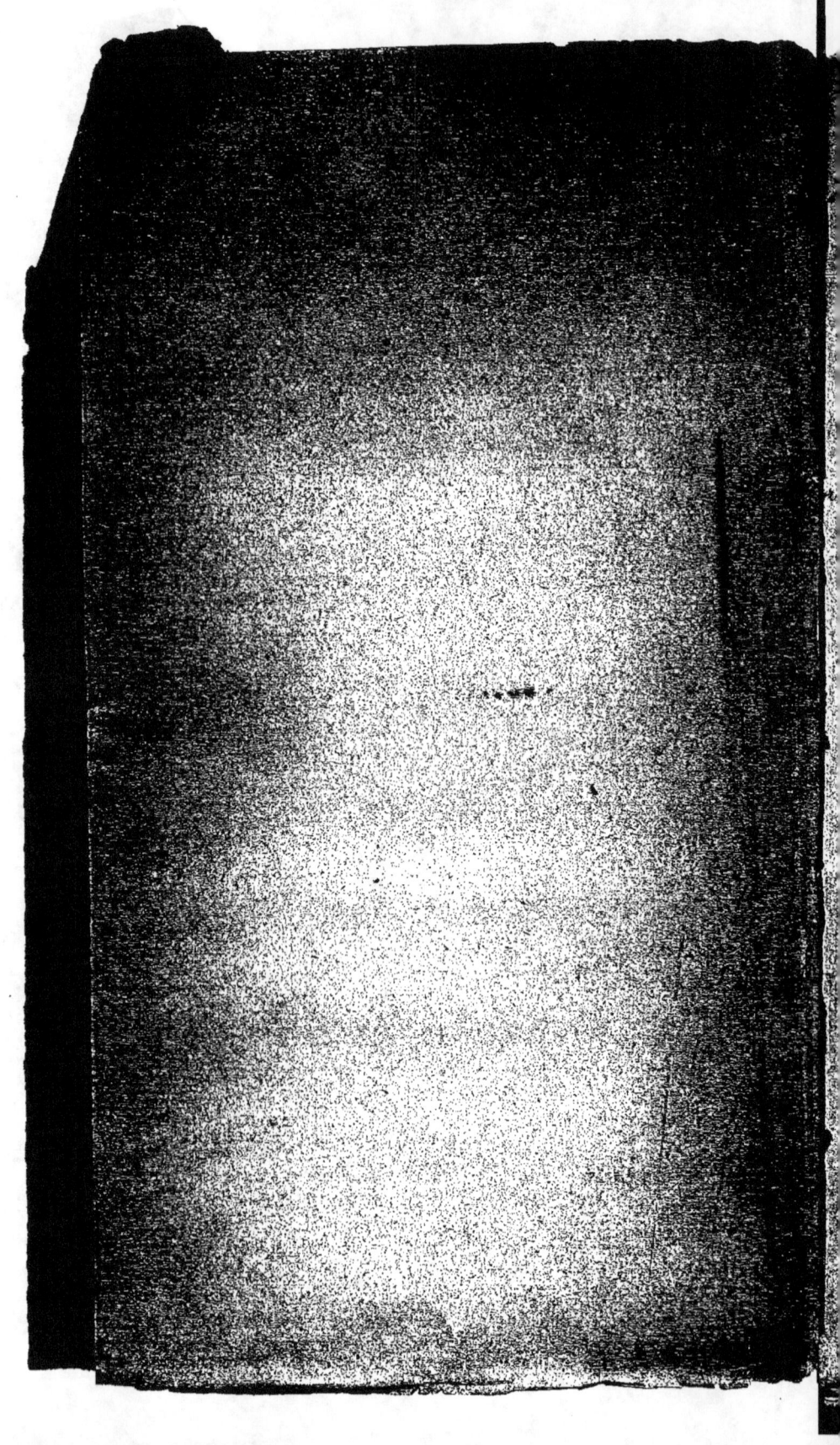

EXPOSITION UNIVERSELLE DE 1867
A PARIS

RAPPORTS DU JURY INTERNATIONAL

PUBLIÉS SOUS LA DIRECTION

DE M. MICHEL CHEVALIER

LAINES

PAR

M. LOUIS MOLL

PARIS
IMPRIMERIE ET LIBRAIRIE ADMINISTRATIVES DE PAUL DUPONT
45, RUE DE GRENELLE-SAINT-HONORÉ, 45

1867

LAINES

Par M. Louis MOLL (1).

CHAPITRE I.

OBSERVATIONS PRÉLIMINAIRES.

§ 1. — Généralités.

On a compté plus de 500 exposants de laines. Ce nombre, quoique élevé, ne donne cependant qu'une faible idée de la valeur et de l'importance de la production lainière dans les diverses parties du monde. Ajoutons que les échantillons exposés ne sauraient également donner une idée vraie de la marche suivie par cette branche de l'industrie rurale pendant les dernières années. Nous reviendrons sur ce point.

On sait que, depuis les temps les plus reculés, la laine a été la première et la principale matière employée par l'homme pour se vêtir ; elle a remplacé les peaux de bêtes sauvages pour cet usage. Sa production, qui avait exigé la substitution du système pastoral au système de la chasse, a marqué la première étape de l'humanité dans la voie de la civilisation. Ce n'est que plus tard que les textiles végétaux, le lin et le chanvre dans les climats tempérés, le coton dans les climats chauds, ont en partie remplacé la laine.

Le développement extraordinaire qu'avaient pris, depuis le

(1) Avec des Notices données par MM. Aubée et Lanseigne.

commencement de ce siècle, l'emploi et conséquemment la production du coton, par suite des remarquables progrès faits dans la filature et le tissage de cette matière, avait certainement ralenti le mouvement ascendant de la production lainière. D'ailleurs, il faut bien le dire, on ne connaissait pas encore le moyen de fabriquer avec la laine ces étoffes modernes qui aujourd'hui rivalisent de légèreté et de brillant avec les plus beaux tissus de coton et certains tissus de soie, et qui conviennent aux vêtements de femme, même dans les pays chauds. Puis, la production de la laine fine, à peu près bornée à l'Europe centrale et occidentale, y trouvait de moins en moins les conditions économiques qu'elle réclame, à mesure que la population devenait plus dense, la terre plus chère, la propriété plus divisée et mieux utilisée. Car la bête à laine proprement dite, celle dont la laine est le seul ou du moins le principal produit, est avant tout l'animal des pays peu peuplés, à climat doux et sec, où la terre a peu de valeur et où règne sans partage la grande culture extensive, à vastes pâturages. Là elle est, sinon le seul, du moins le meilleur moyen de tirer un revenu du sol ; là on l'entretient à si bon marché que la laine peut y être produite à très-bas prix. Et c'est en effet depuis que d'immenses contrées, offrant à un haut degré toutes ces conditions, se sont mises à tenir le mouton à laine abondante et fine, qu'on a vu cette matière affluer sur les marchés et son prix s'abaisser. La crise séricicole et la crise cotonnière ont merveilleusement servi à développer ce mouvement, comme ce mouvement a contribué à rendre ces crises moins pénibles pour les consommateurs.

La laine, seule ou en mélange, a remplacé la soie et surtout le coton pour une foule d'articles, et l'hygiène s'en est trop bien trouvée pour que cette substitution s'arrête aujourd'hui. D'ailleurs, les changements politiques et sociaux survenus aux États-Unis, et la suppression prochaine de l'esclavage dans le monde entier, rendront probablement la production du coton plus difficile et plus coûteuse qu'autrefois. On en fera sur une foule de points du globe, mais nulle part en même abondance et au même prix que jadis aux États-Unis.

La laine tend donc à redevenir, comme dans les temps primitifs, la matière première par excellence pour les vêtements de l'homme. Cette tendance se manifeste non-seulement dans les pays froids et humides, mais encore dans les pays chauds, et on ne peut que s'en féliciter, au double point de vue de l'hygiène humaine et de la statique de la terre, car la laine semble être jusqu'à présent un des rares produits agricoles qu'un pays peut exporter indéfiniment sans épuiser son sol. On sait qu'il n'en est pas de même des céréales, du tabac, des graines oléagineuses et des textiles végétaux, y compris le coton (1).

On porte à près de trois milliards de francs la valeur de la production annuelle de la laine dans le monde entier. Si cette production semble stationnaire dans notre vieille Europe, elle prend, en revanche, un gigantesque développement dans l'Amérique et l'Afrique du Sud et en Australie, et il en sera probablement de même un jour dans les immenses solitudes du Far-West de l'Amérique du Nord. Aussi, en tenant compte des autres matières qu'on tire de la bête ovine, viande, suif, peau, lait, et surtout des valeurs que crée l'industrie avec sa dépouille annuelle, arrive-t-on à cette conclusion que le mouton est aujourd'hui la source d'une production qui dépasse presque toutes les autres en importance.

§ 2. — Les divers genres de laine.

Rappelons d'abord que la laine est un duvet qui, chez les moutons sauvages (l'argali, le mouflon de Corse), est toujours

---

(1) Si le coton, quoique substance ternaire, n'empruntant probablement rien au sol, épuise néanmoins ce sol, comme le prouve ce qui s'est passé dans le sud des États-Unis, c'est que les autres parties de la plante (tige, feuilles, et surtout graines et enveloppes) renferment beaucoup de matières minérales et azotées qu'il est probablement difficile de rendre à la terre. C'est également le cas pour le lin et le chanvre.

accompagné de poils plus ou moins abondants, plus ou moins longs et grossiers. La même disposition se rencontre chez plusieurs races de chèvres (chèvres d'Angora, du Thibet), chez tous les auchéniens (lama, guanaco, vicogne, alpaga), et chez le chameau. Le duvet garantit l'animal contre le froid, le poil le garantit contre la chaleur et la pluie, et, comme le développement relatif de l'un et de l'autre se règle toujours sur les conditions atmosphériques du lieu, il en résulte que la bête ovine peut vivre, et vivre sans abri, sous presque toutes les latitudes. On la rencontre, en effet, depuis l'Islande jusque dans l'Afrique équatoriale; mais, dans cette dernière région, la laine, devenue inutile, a disparu : la bête ovine n'a plus que du poil. En Islande et dans les Shetland elle a poil et duvet ; mais, comme la rudesse et l'extrême humidité du climat ne permettent, dans aucune saison, de la dépouiller de toute sa couverture, on se borne à enlever le duvet avec le peigne, au printemps, époque où il se détache naturellement de la peau.

Ainsi la bête ovine primitive, on pourrait dire normale, est à laine et poils mélangés dans des proportions variées. La bête ovine n'ayant plus que de la laine sans poil n'est probablement qu'un produit de l'art. La sélection, les abris, une nourriture toujours suffisante, aidée de circonstances naturelles particulièrement favorables, une terre saine, un climat doux, plutôt sec qu'humide, à température moyenne de 12 à 18 degrés centigrades, sans excès de froidure ni de chaleur, ont amené ce résultat (1).

La supériorité de valeur des toisons de ces derniers animaux dut les faire propager rapidement partout où les conditions physiques et économiques le permettaient. Néanmoins, on se tromperait fort si l'on croyait qu'ils constituent aujourd'hui la totalité de la population ovine de l'Europe. On trouve,

---

(1) On a constaté que c'est le climat de la vigne et du mûrier qui convient le mieux à l'espèce ovine en général et aux races à laine fine en particulier.

même dans des pays très-avancés, en France, en Allemagne, en Espagne, et surtout en Angleterre, de nombreux représentants du type semi-sauvage, du mouton à toison de laine et poil mélangés. Nous reviendrons plus loin sur ce sujet, car la question des laines serait incomplète si on n'y parlait de la production. Mais ici nous nous bornons à ces courtes explications, qui étaient indispensables à l'intelligence de ce qui va suivre.

Avant de passer à la classification, nous croyons utile de rappeler brièvement que la valeur de la laine, pour le fabricant, est déterminée par les circonstances suivantes : 1° la proportion de laine pure contenue dans un poids donné de laine brute ; 2° la nature des substances étrangères qui s'y trouvent mêlées, s'il est facile, difficile ou impossible de les en séparer ; 3° la finesse de la laine ; 4° sa douceur ; 5° sa force ; 6° son élasticité et sa souplesse ; 7° l'uniformité des brins dans toute leur longueur et l'uniformité de la toison ; 8° la longueur des brins ; 9° le brillant ; 10° la nuance. Suivant l'emploi qu'il compte faire de la laine, le fabricant appréciera davantage tel ou tel de ces points ; mais ceux mentionnés aux numéros 1, 2 et 7 ont une grande importance pour tout usage.

On peut ranger toutes les laines dans trois grandes classes : les *laines à poil* ou laines jarreuses, les *laines lisses*, les *laines frisées* ou *ondulées*.

Les *laines à poil*, — *Zackelwolle* des Allemands, *Kempy* des Anglais, — sont produites par les races ovines qui se rapprochent du type sauvage et qui viennent d'être mentionnées. Ces laines varient beaucoup entre elles, tant pour la proportion du poil que pour la finesse, la longueur et la nature de celui-ci et de la laine. Il en est (les Donskoï d'été, par exemple) dont le duvet ou laine est d'une finesse presque égale à celle de la laine mérinos, ce qui, néanmoins, ne lui donne pas la valeur de cette dernière, à cause du poil abondant qui s'y trouve mêlé et dont il est impossible de la séparer entièrement après la tonte.

Du reste, les emplois utiles sont loin de manquer pour ces laines. Les plus grossières servent pour les matelas et pour de grosses étoffes feutrées (tentes des Arabes, Tartares et autres nomades, chapeaux, etc.); les moyennes, pour couvertures, tapis et lisières; les belles, pour les draps pelucheux qui, sous les noms d'alpaga, camelot, calmouk, castorine, etc., sont très-recherchés pour manteaux, burnous et autres vêtements de dessus, à cause de leur imperméabilité.

Les *laines pures*, c'est-à-dire exemptes de poil, comprennent les deux classes suivantes : les *laines lisses* ou *de peigne*, qui sont droites ou recourbées, mais sans ondulations. Elles servent à faire ce qu'on appelle des *étoffes rases*, dont l'usage s'accroît de jour en jour. Avant de les filer on les soumet à l'action du peigne, qui régularise et place parallèlement tous les brins. Le filage s'opère ensuite comme pour le lin et donne un fil également lisse.

On ne connaît qu'une laine lisse d'une haute finesse, c'est la laine de *Mauchamps*. Aucune autre n'atteint la finesse des belles laines frisées, et la plupart sont moyennes ou même plus ou moins grosses. Du reste, pour la plupart des étoffes rases de grande fabrication, on tient moins à la finesse qu'à la force, à la longueur, au brillant et à l'égalité du brin, de la base au sommet. Il est à remarquer aussi que toutes les laines frisées qui dépassent une certaine longueur (5 centimètres) peuvent s'employer à la confection d'étoffes rases.

Les *laines frisées* ou *de carde* se distinguent par des ondulations plus ou moins fortes, plus ou moins rapprochées, et par la réunion régulière des brins en petites mèches. Elles servent principalement à la confection du drap et des étoffes foulées en général. Le cardage auquel on les soumet a pour but de détruire les mèches et le parallélisme des brins entre eux, afin d'obtenir un fil pelucheux qui est indispensable pour le drap. Les qualités qu'on recherche principalement dans ces laines sont : la finesse, la douceur, la force et l'élasticité, ainsi que l'égalité de croissance. On demande que la mèche soit *carrée*, par conséquent que la toison soit *close*. Les laines grossières de cette catégorie n'ont pas d'ondulations régulières ; elles sont crépues et on les qualifie aussi de *laines crépues;* elles servent aux mêmes usages que les bonnes laines à poil, c'est-à-dire à la fabrication des couvertures, des tapis et des gros draps. Quand elles sont longues (8 à 12 centimètres), on les emploie comme laines de peigne et elles ont alors une valeur supérieure. Les brins ont de 5 à 3 centièmes de millimètre de diamètre.

Les *laines frisées* proprement dites se divisent, suivant leur finesse, en moyennes, fines et surfines. Les premières, provenant de métis mérinos de premier ou de deuxième croisement ou de mérinos purs dégénérés, sont plus ou moins fines et longues ; généralement, elles sont nerveuses et fortes, mais manquent d'uniformité dans la toison. Longues et peu frisées, elles conviennent au peigne ; courtes et frisées, elles s'emploient pour les draps ordinaires. Le diamètre moyen des brins est de 3 à 2,5 centièmes de millimètre.

Les *laines fines* proviennent de mérinos pures ou de métis fusionnés dans la race pure par des croisements prolongés. La finesse moyenne est de 2 centièmes de millimètre. Suivant les pays de provenance, ces laines présentent des caractères particuliers qui tiennent tantôt au climat, tantôt à l'hérédité ou au régime, mais qui, en tout cas, influent sur leur emploi et sur leur valeur. Les unes, comme les laines du Cap, certaines laines d'Australie, de Buenos-Ayres, de l'Allemagne du Nord, de la Hongrie et de la Pologne, se distinguent par une grande douceur, mais manquent de force et d'élasticité. D'autres, comme les laines mérinos de France en général (surtout de la Brie, de la Beauce, du Châtillonnais, du Santerre, du Soissonnais) et celles de l'Espagne, sont remarquablement fortes et nerveuses; mais on reproche aux laines d'Espagne, de Beauce et du

Midi d'être dures. Les laines de Brie et de Châtillon sont peut-être les seules qui unissent à un degré aussi élevé la force et la douceur. Les laines courtes et tassées ne conviennent que pour la draperie. Les laines longues, nerveuses et soyeuses, conviennent moins à la carde qu'au peigne, qui, d'ailleurs, les réalise à un prix plus élevé, car elles servent ainsi à faire les étoffes rases les plus belles et les plus chères.

Les *laines surfines* sont, comme les laines fines, produites par des animaux de la race espagnole, mais de la race si complétement transformée par l'art (sélection, stabulation prolongée, nourriture spéciale) qu'elle ne peut même plus s'acclimater dans son pays d'origine, ou du moins s'accommoder du régime auquel on y soumet les troupeaux. Ces laines mesurent de 1.4 à 1.8 centième de millimètre de diamètre; leur longueur dépasse rarement 4 centimètres. Elles servent à la fabrication des lainages les plus précieux: châles façon cachemire, mérinos et draps extra-fins, tissus mélangés de laine et de soie, etc.

Le commerce les estime beaucoup; mais, comme le perfectionnement des machines et des procédés permet aujourd'hui de faire, avec des laines de qualité moindre, des étoffes ayant aussi belle apparence, il ne les paye pas à un prix proportionné aux frais de production, qui sont fort élevés à cause des soins qu'exigent les animaux et du poids minime de leurs toisons. Aussi cette branche de l'industrie va-t-elle plutôt en diminuant qu'en augmentant. Beaucoup de troupeaux surfins ont disparu de France. La Saxe, berceau de cette race, qui en avait reçu le nom de race électorale ou saxonne, n'en a presque plus. Seule la Silésie en possède encore un certain nombre, qui, avec celui de Naz et avec quelques autres disséminés en Bohême, en Moravie, en Hongrie, en Prusse, en Pologne, fournissent aujourd'hui la totalité des laines surfines qui s'emploient en Europe.

§ 3. — Animaux produisant les diverses laines.

La bête ovine semi-sauvage, à laine et poil mélangés, à cornes développées, se rencontre encore, avons-nous dit, dans une bonne partie de l'Europe, notamment en Angleterre. La cause de sa conservation est, avant tout, son extrême rusticité, qui lui permet de supporter sans abri des climats très-rudes et de se contenter de maigres pâturages.

Ainsi nous trouvons, dans les parties les plus froides et les plus pauvres de la Haute-Écosse, la race de *Black-faced Highland*; celle d'*Exmoor* dans les parties les plus mal dotées du North-Devon et du West-Sommersetshire; celle de *Herdwick* dans les âpres montagnes de Cumberland et de Westmoreland, la petite race du pays de Galles, etc. Malgré la rudesse du climat, ces animaux vivent toute l'année dehors. En hiver, ils grattent la neige pour atteindre la bruyère, qui constitue souvent leur unique nourriture. Quoique presque tous munis de cornes volumineuses, ils s'engraissent assez bien à l'âge de trois ou quatre ans, dans les bons pâturages des bas pays, où on les amène chaque année en grand nombre; leur viande est de qualité supérieure, et se vend de un cinquième à un tiers de plus que la viande des Dishley et d'autres races de graisse.

En France nous avons, comme représentants de ce groupe, les races *bretonne, marchoise, picarde, béarnaise, bourbonnaise, landaise, périgourdine, dauphinoise, corse, bocagère*, etc.

L'Allemagne a, comme type, sa petite race de *Heydeschnucke*, répandue dans les vastes bruyères de Lunebourg, et un grand nombre d'autres qui s'en rapprochent plus ou moins pour le lainage et que l'on connaît sous la dénomination générique de *Landschaf* (mouton du pays).

La Hongrie, la Pologne, la Roumanie, la Russie et la Turquie possèdent également un grand nombre de races appartetenant à ce type, auquel se rattachent plus ou moins toutes les races de l'Asie et de l'Afrique, nord et sud.

Quand le climat est la cause déterminante du maintien de ces animaux, tout changement devient impossible, aucune race perfectionnée ne pouvant s'accommoder du même régime. La création d'abris ne résoudrait pas la difficulté, car avec des bergeries il faut de la nourriture d'hiver, fourrages secs, paille, racines, et ces tristes contrées n'en produisent pas.

Quand c'est la pauvreté du sol ou l'inculture, comme c'est le cas dans les parties de la France et les autres contrées à climats analogues où l'on rencontre encore de ces races, la modification de celles-ci ou leur remplacement par d'autres sont au contraire faciles. C'est, avant tout, une question de culture. Le progrès de cette dernière, aidé de la sélection, amène naturellement l'amélioration de la race sous le rapport du lainage et sous d'autres, et, quand ce moyen est trop lent, on peut recourir au métissage, au croisement ou à l'importation d'une race étrangère, du moment où les ressources fourragères le permettent. C'est ce qui a lieu dans une notable portion de la France, de l'Allemagne, de la Hongrie, de la Russie méridionale. Les races que nous venons de citer perdent chaque jour de leur caractère semi-sauvage, et l'on trouve, par exemple, aujourd'hui, beaucoup de bêtes bourbonnaises et bretonnes qui n'ont plus de jarre ni de cornes; les solognots jarreux, qui autrefois étaient en majorité, sont rares aujourd'hui.

Il est néanmoins deux circonstances qui, sur certains points, arrêtent ce mouvement. Plusieurs races de ce groupe sont assez bonnes laitières, et on sait assez bien tirer parti de leur lait pour que ce produit ait une valeur supérieure à celle de la toison, quelle qu'elle soit. On repousse donc tout changement dans la crainte qu'il ne diminue la production laitière. Mais, comme la production du poil coûte autant que celle de la laine, il ne saurait y avoir d'inconvénient à ce que, par la sélection, on fasse peu à peu disparaître le premier sans modifier autrement la race.

L'autre circonstance est cette faculté singulière qu'ont certaines races de ce groupe (*Ovis laticauda* et *stealopyga*) d'accumuler dans leurs queues ou leurs fesses une masse considérable de graisse très-fine et très-propre aux usages culinaires, faculté précieuse dans les pays chauds, où on produit peu de beurre, et pour les musulmans, qui sont privés de graisse de porc. Aussi ces races, qui joignent à cela la rusticité et la sobriété communes à tout ce groupe, et qui sont en outre très-prolifiques, sont-elles fort répandues dans tout l'Orient, le nord et le sud de l'Afrique et jusque dans le midi de l'Europe. En Provence et en Languedoc les barbarines, comme on les appelle, ont remplacé sur plusieurs points les mérinos. Du reste, le moyen indiqué plus haut, la sélection, peut améliorer leur toison sans faire perdre à ces animaux leurs qualités spéciales. On s'est même bien trouvé, en France, d'un premier croisement avec la race mérine. On en a obtenu des produits chez lesquels la graisse, au lieu de se déposer exclusivement à la queue et aux parties adjacentes, se répartissait dans toutes les portions charnues, et qui fournissaient ainsi une chair plus abondante et de meilleure qualité, en même temps qu'une toison préférable.

Les *bêtes ovines à toisons de laine pure* se divisent, comme nous l'avons dit, en races à *laine frisée* et en races à *laine longue et lisse*. Les premières donnent, en général, toutes choses égales d'ailleurs, plus de laine que les autres, et leur laine a plus de valeur. Très-éloignées du type sauvage sous ce rapport, elles s'en rapprochent par les cornes et les formes. Les races à *laine lisse*, qui semblent avoir une moindre propension à la production de la laine, en ont, par contre, une plus grande à la production de la viande. Elles sont la plupart sans cornes et d'un développement précoce. Les premières sont donc des *bêtes à laine* dans toute l'acception du mot; les secondes seraient plutôt des *bêtes à viande*. Ces caractères sont surtout tranchés dans les races typiques de chacun de ces groupes, d'une part le mérinos Négretti (à plis nombreux de la peau, à cravate et sangle, qui dépouille jusqu'à 7, 8 et 9 kilogrammes de laine, et d'autre part le Dishley, les moutons de la Charmoise, de Lincoln, de Cotswold qui, à 12 ou 15 mois, donnent 50 à 60 kilogrammes de viande nette.

Tant que la laine fine a eu des prix élevés et que la viande était peu demandée, les animaux du premier groupe, les mérinos fins et surfins, ont donné de grands bénéfices, même là où, par suite de la haute valeur des terres, la tenue du mouton est coûteuse, comme en France, surtout dans le rayon de Paris, en Saxe, en Silésie. Mais, depuis que les circonstances ont changé, que la laine a notablement baissé, que la viande a haussé dans la même proportion, la tenue lucrative de ces animaux, en vue de la production lainière seule, est devenue, dans ces contrées, un problème presque insoluble.

En France, cependant, et plus récemment dans le Mecklembourg, on a tenté de le résoudre, et on y est parvenu autant que cela était possible en changeant les termes. Tandis que l'Allemagne ne visait qu'à la finesse, nos habiles éleveurs du rayon parisien se préoccupaient davantage de la quantité et ne négligeaient pas la question de la viande. Ils modifiaient la race, et ils lui donnaient, au moyen d'une intelligente sélection, d'une nourriture et de soins appropriés, plus de taille, des formes meilleures pour l'engraissement, et surtout une toison plus abondante, d'une laine à la vérité moins fine que celle d'Allemagne, mais qui, par suite des perfectionnements apportés aux machines et aux procédés, répond aujourd'hui d'autant mieux à tous les besoins que, grâce à sa longueur, à sa force, à son élasticité, elle convient également pour la carde et pour le peigne.

La Bergerie impériale de Rambouillet a grandement contribué à cet heureux mouvement, dont elle a eu l'initiative et en quelque sorte la direction. On peut dire que le type Rambouillet, qui domine plus ou moins dans les magnifiques troupeaux de la Brie, du Châtillonnais, de la Beauce, est aujourd'hui, au point de vue économique et pour les riches pays à troupeaux de la zone viticole, le type le plus parfait qui existe du mouton à laine fine. Et, néanmoins, il n'a pu encore résoudre entièrement, pour nous du moins, le problème indiqué, et, en présence de la hausse constante de la viande et de l'importation croissante des laines d'outre-mer, plus d'un agriculteur, possesseur de ce type, a dû se demander s'il était bien dans la bonne voie. Les observations qui suivent aideront peut-être à élucider la question pour chaque cas particulier.

Les faits journaliers nous apprennent que, par suite de l'extrême facilité de transport de la laine par mer, nous nous trouvons, sur notre propre marché, en concurrence avec les pays les plus favorisés du globe pour la production de cet article; que, au contraire, le transport des animaux vivants, par terre et surtout par mer, étant difficile et coûteux, nos éleveurs n'ont à craindre, pour la viande, que la concurrence restreinte des pays voisins. En outre, l'observation paraît avoir démontré qu'il en coûte autant pour faire 700 grammes de corne, ou 1 kilogramme de laine lavée à dos, que pour produire 4,5 kilogrammes de viande. Si maintenant on veut bien se rappeler cet adage de nos campagnes, vieux et trivial, mais toujours vrai, qu'on ne peut tirer deux moutures du même sac, ce qui, dans le cas présent, veut dire qu'on ne peut obtenir d'une bête quelconque, avec une quantité donnée de nourriture, en même temps le maximum de laine et le maximum de viande, on arrivera logiquement à cette conclusion que, dans toutes les localités riches de la moitié nord de la France, c'est-à-dire partout où le climat n'est pas trop chaud et sec, où la viande trouve un écoulement avantageux, il faut remplacer le mérinos, quel qu'il soit, même le mérinos de Rambouillet, par le mouton à laine lisse, le mouton de boucherie; et cette conclusion serait d'autant plus acceptable que la laine longue, lisse et lustrée, la vraie laine à peigne, ne se produit pas encore hors de l'Europe, et qu'elle est aujourd'hui de plus en plus recherchée.

Et néanmoins nous n'adoptons pas cette conclusion par trop radicale, non-seulement parce qu'il nous en coûterait d'affirmer en quelque sorte la déchéance de cette belle création française, en l'exilant des localités où elle a pris naissance pour la reléguer dans les contrées trop pauvres ou trop chaudes pour la bête de boucherie, mais encore et surtout parce que les modifications auxquelles elle s'est déjà prêtée donnent la certitude qu'on pourra lui en faire subir d'autres qui la mettraient complétement en harmonie avec les conditions économiques actuelles de la France et d'une partie de l'Europe occidentale.

Ces modifications, nous les résumerons en peu de mots. Par la sélection et le régime seuls on est parvenu, en sacrifiant l'extrême finesse, à obtenir la quantité, tout en améliorant les formes dans une certaine mesure. Il faut que, par les mêmes moyens, ce dernier résultat soit complété; que, d'accessoire qu'il était, il devienne le principal, sauf à faire un sacrifice sur le rendement en laine ; il faut que la race devienne plus apte à l'engraissement, plus précoce, et que, dans ce but, la charpente osseuse soit rendue plus légère, et que les cornes et les plis disparaissent.

Assurément on atteindrait ce but multiple plus rapidement et plus économiquement par un croisement avec le Dishley : les beaux résultats obtenus par M. Yvart et d'autres ne laissent plus de doute à ce sujet. Mais, si nous admettons ce moyen comme le meilleur dans quelques localités très-riches et particulièrement bien placées pour l'écoulement de la viande, et sous les climats trop humides pour le mérinos pur, nous le repoussons comme système général, parce qu'il aurait pour conséquence l'anéantissement du type, et que, outre les raisons que nous venons de donner, il y a un fait important qui milite également en faveur de sa conservation ; nous voulons parler de la *vente d'animaux reproducteurs*.

Pour comprendre la portée de ce fait, il faut savoir que les pays qui ont fait, dans ces derniers temps, une si rude concurrence aux producteurs de laines fines de France et d'Allemagne, l'Australie, le Cap, la Plata et même la Russie méridionale, n'ont pu, jusqu'à présent, conserver le mérinos fin sans qu'il dégénère. A chaque génération nouvelle on remarque un amoindrissement plus ou moins sensible dans la qualité de la laine. Le moyen le plus sûr de prévenir cet inconvénient ou d'y remédier, c'est de *rafraîchir le sang*, c'est-à-dire d'importer des pays d'origine et d'employer à la reproduction des mâles de race pure, possédant à un haut degré les qualités qui menacent de disparaître.

Cette dégénération vient parfois du climat (trop froid, trop chaud ou trop humide), mais le plus souvent du régime auquel sont soumis les troupeaux. Ainsi, en Australie, au Cap, à la Plata, le climat, sauf dans les parties nord, où règnent en été des chaleurs intenses, est aussi favorable que possible au mérinos ; mais les troupeaux y sont tenus dehors toute l'année, nuit et jour, et ils ne vivent que de ce que le sol produit spontanément. Ils restent donc exposés toute l'année aux alternatives de froid et de chaud, de sécheresse et d'humidité, de pénurie et d'abondance, qui résultent du climat. Si ce genre de vie ne nuit pas autrement aux animaux, il est certain que la laine fine s'en trouve fort mal (1).

Cette laine, nous l'avons dit, est un produit de l'art qui disparaît promptement lorsqu'il est soumis à l'influence exclusive des circonstances naturelles. Si l'Espagne, qui tient également une grande partie de ses troupeaux sans abris, a pu néanmoins leur conserver une certaine finesse, on ne peut l'attribuer qu'à la *transhumance*, qui fait profiter les animaux de la douceur des hivers des plaines et de la fraîcheur des étés des montagnes. Cette finesse, d'ailleurs, est assez médiocre et inférieure à celle des laines surfines et fines de France et d'Allemagne. Donc les pays en question seront obligés pendant longtemps encore de recourir à la France et à l'Allemagne pour rafraîchir le sang de leurs troupeaux, et seront par conséquent,

---

(1) On a remarqué en France et en Allemagne que le *parc*, qui cependant ne s'effectue que dans la belle saison, exerce déjà une action défavorable sur la laine fine. Aussi a-t-on renoncé à cette pratique partout où la finesse a une grande importance.

2kk

pour ces deux dernières contrées, un débouché certain et avantageux de leurs béliers fins. Et quand un jour l'accroissement de la population et de la richesse y aura permis l'adoption d'une tenue plus *intensive*, plus perfectionnée des troupeaux, il est probable que les conditions économiques y seront assez rapprochées de celles de l'Europe, pour que le prix de revient de la laine y soit à peu près le même.

Ce que nous venons de dire s'applique aux mérinos fins en général et au type Rambouillet en particulier. Quant au *mérinos surfin, au type Électoral* ou de *Naz*, il est évident que jusqu'ici, il n'a pu être tenu qu'en vue de la production lainière seule; car, de toutes les races ovines, c'est peut-être celle qui a le moins d'aptitude à l'engraissement, et, toutes les fois qu'on a voulu accroître sa corpulence, on a vu sa laine s'altérer. Il est vrai que cette laine a une plus grande valeur que d'autres; mais cet avantage est plus que compensé par l'exiguïté de poids de la toison et par les soins plus minutieux qu'exigent ces animaux. Pourra-t-on jamais en faire une race de boucherie, tout en maintenant la finesse ? C'est douteux ! Il est bien à désirer néanmoins que l'Europe conserve un certain nombre de troupeaux de ce beau type, ne fût-ce que pour l'élève des animaux reproducteurs destinés à rafraîchir le sang, à maintenir une certaine finesse là où elle menace de disparaître. Heureusement que le mouton surfin peut exister sans nuire au mouton de boucherie; car il lui faut d'autres conditions physiques, un climat sec et chaud, une terre légère, perméable, plutôt pauvre que riche, une nourriture plus tonique que substantielle. Les localités qui présentent ces caractères, et où, de longtemps, les races à viande ne pourront pénétrer, sont encore nombreuses en Europe et surtout en France.

CHAPITRE II.

LES LAINES EXPOSÉES.

On vient de voir que la production de la laine surfine est aujourd'hui presque partout onéreuse. On s'est demandé si ce ne serait pas pousser les éleveurs dans une voie préjudiciable à leurs intérêts que de décerner à ces laines les plus hautes récompenses. L'avis de tous les juges éclairés a été que les toisons ou échantillons exposés n'ont de valeur que quand ils sont la représentation vraie de l'ensemble d'un troupeau ; que, pour apprécier les laines, il convenait de s'attacher, avant tout, à la qualité de celles-ci, abstraction faite de la question de bénéfice, qui est surtout une question locale ; que, du reste, le mérite d'une laine dépend, non de la finesse seule, mais de l'ensemble des qualités qui lui donnent de la valeur pour le fabricant, et que, à mérite égal, le poids de la toison et même le mérite des animaux, vigueur, rusticité, aptitude à produire de la viande, ainsi que leur nombre, devaient être mis en ligne de compte.

§ 1. — France.

La majeure partie de la France est, au point de vue du climat, dans des conditions bien plus favorables à la production des laines surfines que le nord et le centre de l'Allemagne, et, dans le nord-est, où le climat est moins doux, de vastes plaines à sol aride et sec semblent également appeler cette branche comme couronnement des progrès agricoles. Et, néanmoins, comme nous l'avons déjà dit, à l'exception du troupeau de Naz, dernier et glorieux vestige d'une production qui avait pris antérieurement un certain développement, il n'y a plus, en France, à vrai dire, de troupeaux surfins. Nos laines les plus belles sont qualifiées à l'étranger de *laines hautes fines*, un degré au-dessous de l'électorale seconde.

Nous avons dit plus haut les raisons de cette marche, qui semble au premier abord une décadence, et qui est, en réalité, un immense progrès. On a vu quelle large compensation nos éleveurs avaient obtenue en renonçant à l'extrême finesse; pour un qu'ils ont sacrifié sur cette dernière, ils ont gagné quatre sur le poids de la toison et six sur la viande. De pareils résultats peuvent parfaitement les consoler du dédain que manifestent pour nos laines certains éleveurs étrangers, pour lesquels le mouton superfin est, non pas un simple moyen de recettes, mais l'objet d'un culte. Ce qui précède s'applique surtout au nord. Mais dans le midi, où le sang mérinos s'est introduit et répandu déjà depuis plusieurs siècles, par suite de la présence des troupeaux espagnols sur les Pyrénées, où ils venaient estiver et d'où ils pénétraient souvent en France, on ne trouve également que le type Négretti, moins fin, moins riche, moins bien conformé que le Rambouillet, mais rustique et représentant probablement le mérinos primitif, tel qu'il sortit d'Espagne dans le siècle dernier.

En tête des exposants de laines, mais hors concours, en sa qualité d'établissement impérial, figure la *Bergerie de Rambouillet*. Les toisons qu'elle a exposées sont dignes en tous points de la haute réputation de cet établissement. Réunir au même degré l'ampleur, le poids, l'uniformité de la toison et la finesse, avec une production de viande très-satisfaisante, semblait jusqu'à présent presque impossible. La solution de ce difficile problème a été la tâche que, dès le début, s'est imposée la direction de Rambouillet, qu'elle a poursuivie avec une persévérance bien digne d'éloges, et que son habile directeur actuel, M. le baron Daurier, a su amener au point où l'Exposition nous la montre.

Ce point peut sembler être le dernier terme de la perfection relative, dans les circonstances actuelles, et on serait tenté de croire que Rambouillet a atteint son but et terminé sa mission; mais les circonstances changent chaque année, des besoins nouveaux se manifestent, que le producteur intelligent s'attache immédiatement à satisfaire, car le succès appartient toujours à celui qui est le plus vite en mesure. Rambouillet, qui, comme nous le disions déjà, a donné l'impulsion au mouvement de transformation du mérinos espagnol en France, doit continuer à diriger, avec les autres bergeries de l'État (Chambois et Moncavrel), toutes les modifications que des circonstances nouvelles et la force des choses peuvent rendre fructueuses. Nous avons regretté l'absence des toisons de ces autres bergeries impériales, et surtout de *Chambois*, où se trouve le troupeau de la race de *Gevroles*, créée par un homme d'un grand mérite, feu E. Lefèvre, sous les auspices d'A. Yvart, et qui réunit d'une manière heureuse les qualités propres aux deux races, Rambouillet et Mauchamps, la taille, les belles formes et l'abondance de laine du premier, le brillant, la douceur et la longueur de mèches du second.

La Côte-d'Or est dignement représentée par les splendides toisons de M. Godin aîné, à Châtillon-sur-Seine. Cet habile éleveur consacre, depuis trente-neuf ans, une grande fortune, une vaste propriété et sa haute intelligence à l'amélioration d'un important troupeau, composé primitivement de bêtes électorales pures, achetées par lui en 1828, en Saxe, dans lequel il a trouvé avantageux d'introduire, d'abord le sang Rambouillet, afin d'accroître le poids des toisons, plus tard le sang Gevroles, dans le but de rendre sa laine plus propre au peigne. Aujourd'hui la souche ou sous-race Godin semble parfaitement fixée. Non-seulement il y a uniformité dans le troupeau, mais encore on peut constater chaque année la puissance de transmission des nombreux béliers que vend M. Godin, dans son voisinage et au loin. Cette sous-race, très-répandue dans la Côte-d'Or et les départements voisins, est en quelque sorte l'intermédiaire entre le Rambouillet et l'Électoral, et peut-être considérée comme le type du mouton fin de nos contrées à sol et climat trop secs pour le Rambouillet. C'est, croyons-nous, ce type qu'il faudrait s'attacher à introduire en Algérie.

Tout a été dit sur le *troupeau* de *Naz*, cette magnifique création du général Girod (de l'Ain) et de M. Perrault de Jotemps. Ajoutons seulement que, quoique n'ayant plus la même vogue qu'autrefois, ce troupeau n'a rien perdu de son ancienne distinction, comme le prouvent les admirables toisons exposées. Le mouton de Naz est toujours le type achevé de la perfection, au point de vue de la laine, qui, chez lui, est aussi fine et plus nerveuse que les plus belles laines électorales. Sans pouvoir compter sur une grande extension de ce beau type en France, nous devons du moins nous féliciter d'avoir pu le conserver intact jusqu'à ce jour, car nul ne peut savoir les revirements de la mode et affirmer que nous n'aurons plus besoin de laine surfine.

Le troupeau soyeux de *Mauchamps*, cette œuvre remarquable, due au hasard d'abord, ensuite à l'habileté et à la persévérance de M. Graux, a définitivement conquis son droit de cité parmi les races bien caractérisées et constantes. Soie pour le brillant, la douceur et la finesse, la dépouille de ces moutons est l'idéal réalisé de la belle laine de peigne. La forme défectueuse des animaux avait nui dans le début à l'extension de la race. Ce défaut disparaît chaque jour au moyen d'une habile sélection, et bientôt Mauchamps n'aura plus rien à envier, sous ce rapport, aux Rambouillets les mieux doués.

Citons encore M. Gilbert de Videville, le vénérable doyen des éleveurs de mérinos français, qui a si brillamment représenté la France à l'exposition de Hambourg. Le troupeau de Videville, créé par le père du propriétaire actuel, en 1802, au moyen des produits purs des mérinos espagnols importés en 1787, est resté, depuis, pur de tout mélange. Le haut prix auquel se vendent ses béliers pour la France et l'étranger (Australie, Amérique du Sud, Cap, Russie, et même Allemagne) prouve assez la haute estime dont il jouit. MM. Baillcau frères, à Illiers, Lefèvre, à Aulnois, Bobéc, à Chenailles, Garnot, à Genouilly, Dieuleveut, à Coupvrai, Tétard, à Mortières, Blanchard, à Thoreau, représentent dignement cette belle zone lainière de la Brie et de la Beauce. MM. Rouhier-Chassenot, à Dijon, et Guénebaut, à Poiseul, suivent avec succès la route si habilement tracée par M. Godin. Enfin MM. Hutin, L. et C. Battelier, de Briailles de Romont, Duclert, Lamy, Minelle, Vuaflard-Oudin, Camus, Leguillette, donnent une idée avantageuse de l'industrie lainière dans le Soissonnais et la Champagne.

Jusqu'ici c'est toujours le sang mérinos qui domine; mais, vers le nord et l'ouest, où règne un climat plus humide, il est remplacé, et avec raison, par le mouton à laine lisse, le plus souvent Dishley, soit croisé avec le mérinos ou l'Artésien, soit pur. MM. Bertin, Triboulet, Houdeville, Beaurepaire, Auvraye, Rassel, Tesnières, Langrenay, Dubosc, Dantu-Dambricourt, exposent de belles laines du premier genre; M. d'Havrincourt nous prouve, par ses bons échantillons, que le Pas-de-Calais convient ausssi bien que l'Angleterre au Dishley pur; enfin, grâce à M. de la Massardière (Vienne), l'Exposition possède des laines de la race charmoise, cette intéressante création de M. Malingié, qui est la démonstration palpable qu'on peut former une race par métissage, et qu'on peut entretenir avec profit des bêtes de boucherie, même au midi de la Loire.

En 1789 la France possédait environ 10,500,000 bêtes à laines de toute espèce.

En 1812, d'après Chaptal, elle en avait 13,500,000, donnant :

Laine fine........ 779,569 kilogrammes
— moyenne.... 758,367 —
— commune... 31,840,783 —

Aujourd'hui, malgré une série d'années défavorables qui ont occasionné des pertes sensibles dans les troupeaux, elle en possède encore au delà de 30 millions, dont environ les deux tiers mérinos purs ou croisés ; le reste en bêtes du pays pures ou croisées avec des races anglaises. D'après l'enquête de 1860, le produit serait de 40 à 45 millions de kilogrammes de laine lavée à fond. Aujourd'hui, par suite de la pénurie croissante de bras, la grande culture française est forcément amenée à développer cette branche.

Algérie. — Nous ne pouvons quitter la France sans dire quelques mots de l'*Algérie*. On sait que cette colonie ressemble beaucoup à la Nouvelle-Galles du Sud pour le climat comme pour le relief de la surface. Cela seul dirait assez qu'elle convient parfaitement à la bête ovine, si nous n'en avions la preuve matérielle dans les innombrables troupeaux qu'entretiennent avec profit les indigènes, malgré l'absence de tous soins, les guerres intestines fréquentes, les marches forcées et les razzias (1).

Seulement ces razzias ont eu pour résultat le mélange, dans la plupart des troupeaux, de toutes les races qui peuplent l'Afrique du Nord, et l'auteur de ces lignes put voir, lorsqu'il parcourait l'Algérie, en 1842, dans les troupeaux d'une même tribu, des échantillons de presque toutes ces races, depuis le mouton à poil et à quatre ou six cornes de l'Afrique centrale jusqu'au mérinos pur ou croisé.

La tâche de nos colons doit être de ramener ces nombreuses variétés à un type unique, et ce type est tout indiqué par les circonstances physiques et économiques ; c'est le mérinos, robuste, car il doit supporter des chaleurs intenses et des alternatives de pénurie et d'abondance, riche en laine, car en Algérie, comme en Australie, la laine est tout, la viande n'est presque rien, sauf à proximité des villes importantes. Donc, dans les fertiles vallées du littoral, le Rambouillet comme type améliorateur ; dans le reste du pays, le bélier Godin ou le Négretti du midi (Crau et Camargue), plus rustiques et

---

(1) Une estimation faite par des hommes compétents porte à 10 millions le nombre des bêtes ovines que possède aujourd'hui l'Algérie, et ce nombre ne peut manquer de s'accroître par suite de la sécurité, du développement du commerce, de l'introduction des forces à tondre et surtout de la suppression des coûteux intermédiaires (autrefois le chef seul vendait les laines de la tribu) Du reste, les états de douanes nous apprennent qu'aujourd'hui la France tire annuellement de l'Algérie de 6 à 7 millions de kilogrammes de laine.

moins exigeants pour la nourriture. Et, avec l'amélioration de la race, l'amélioration du régime : des abris et de la nourriture sèche ou verte comme complément pour les époques de sécheresse et de gelées ou de pluies froides et persistantes. L'Algérie peut devenir pour la France presque l'équivalent de ce qu'est l'Australie pour l'Angleterre ; mais, pour cela, il faut de vastes fermes, parce que la grande culture seule peut tenir avantageusement des troupeaux et suivre la marche indiquée, et parce que les grands établissements ont seuls le privilége d'appeler les capitaux, qui seuls attirent les bras. Mais, d'un autre côté, que la grande culture algérienne ne se fasse pas illusion. On peut bien rêver un état de choses où le splendide soleil d'Afrique, avec le concours de l'eau, réaliserait sur le sol algérien les merveilles de la Huerta de Valence. Mais ce n'est pour le moment qu'un rêve, et, en attendant qu'une population de 300 âmes par kilomètre carré permette de le traduire en fait, la grande culture ici doit s'attacher avant tout aux branches qui exigent le moins de travail et qui sont en parfaite concordance avec les conditions physiques du pays, le mouton et l'olivier.

Elle est, du reste, entrée dans cette voie, et, si les nombreuses toisons exposées par les colons et les indigènes n'accusent pas encore généralement un degré bien avancé d'amélioration, du moins révèlent-elles une tendance manifeste vers le but signalé.

Il en est ainsi des toisons déjà remarquables de MM. Dupré de Saint-Maur, à Arbal (Oran), et P. Viguier, à Bou-Far (Constantine). Ce dernier a fait apprécier tout le chemin parcouru depuis dix ans en mettant, en regard des toisons métisses, celles des brebis indigènes qui avaient servi au premier croisement.

Nous signalerons encore la Compagnie française des produits agricoles à Bouffarick, MM. Lallemand à Aïn-Tedlès, de Maglaive à Marengo, Nicolas à Guebar-bou-Aoun, Foacier de Ruzé et Samson à Constantine, Boudé à El-Hadjar, l'Union agricole de Saint-Denis du Sig, Schwarz près Sétif,

Leture à Marcouna, le Comice Agricole de Constantine, Bosredon à l'Oued Ouarrath, pour des toisons déjà fort au-dessus de la moyenne ordinaire du pays. La Bergerie du Gouvernement, à Ben-Chicao, qui a déjà exercé une heureuse influence par ses béliers mérinos qu'elle fournit aux éleveurs de la province, a exposé de fort belles toisons de chèvres d'Angora, qu'elle s'applique également à multiplier et à répandre.

Disons aussi que, dans la magnifique exposition algérienne du ministère de la guerre, figurent beaucoup de toisons envoyées par des indigènes et qui prouvent qu'eux aussi commencent à entrer dans la voie du progrès. Nous citerons en particulier les laines de Ben Mira ben Messaoud des Ouled-Allan, de bachir ben el Guerri, caïd des Feradz bou-Saada, de Bel-Kassem des O. Naïl, d'Abderrahman ben Gandour, caïd d'Aïn Turc Sétif, de Hammo ben Ali, caïd des Abb-El-Nour, etc.

Signalons enfin, pour terminer ce qui regarde la France, des essais bien réussis des R. Frères Maristes, à la Nouvelle-Calédonie, et de M. de Châteauvieux à la Réunion.

§ 2. — Allemagne.

Confédération de l'Allemagne du Nord. — Comme pour démontrer toute la puissance de l'homme, c'est sous cette latitude si peu favorable que le mérinos espagnol a été amené au plus haut point de perfection connu, sous le rapport de la laine. Cette œuvre remarquable, accomplie en Saxe, se continue dans la Silésie, qui, aujourd'hui, est en possession du plus grand nombre de bêtes électorales superfines qui existent dans le monde entier.

Nous n'avons pas à discuter si, dans leur intérêt, les éleveurs silésiens font bien ou mal. Nous avons dit notre pensée sur l'Électoral en ce qui concerne la France; constatons seulement ici que les pays qui entourent la Silésie, et qui ont à peu près le même climat et les mêmes conditions économiques qu'elle, la Saxe, les Marches, la Poméranie, le Mecklembourg, la Prusse occidentale et orientale, ont renoncé en grande partie à l'Électoral et l'ont remplacé par le Négretti, et tout porte à croire que le Négretti actuel, le Négretti primitif, qui est la bête à laine par excellence, cédera un jour la place au Négretti perfectionné, c'est-à-dire au Rambouillet, dans toutes les parties de l'Europe où le sol est assez riche et où la production de la viande est profitable.

Quoi qu'il en soit, et laissant, comme nous l'avons déjà dit, la question de bénéfice de côté, nous devons exprimer ici le sentiment d'admiration que nous a fait éprouver cette splendide exposition silésienne. Il y avait là les toisons de quatorze troupeaux, tellement rapprochés de qualité que ce n'est qu'avec une grande hésitation que nous avons tenté un classement, tellement beaux que le dernier eût encore occupé dignement le premier rang partout ailleurs.

Dans l'impossibilité d'accorder quatorze médailles d'or aux laines d'une province, le Jury a dû se borner à en décerner une seule, ayant le caractère collectif, et qui serait déposée à la Société d'Agriculture de Breslau, avec la liste ci-dessous des exposants qui l'ont méritée : MM. le baron de Wechmar, à Zedlitz; de Prittwitz, à Rasimir; Mosner, à Ober-Schoenau; le duc de Ujest, à Schlawentzitz; Doepping, à Ollendorf; Elsner de Gronow, à Kalinowitz; le comte G. de Magnus, à Eckersdorf; de Mitschke-Kollande, à Simsdorf; le comte de Rothkirch et Trach, à Panthenau; Pannewitz, à Burgsdorf; le baron de Ziegler, à Dambrau; Wehowski, à Graas; le prince Lichnowski, à Kucelna; Schoeller, à Schwieben.

Dans le reste de la région ce n'est plus qu'exceptionnellement qu'on trouve l'Électoral pur, quoiqu'on y voie encore de magnifiques laines, comme celles de MM. Lehmann à Nistsche, Bruenneck à Bellschwitz, Thaer à Moeglin, Behr à Vargatz, de Homeyer à Ranzin, Holtz à Saatel, de Hagen à Prenslau, de Chlapowski à Kopanow, Kannenberg à Gross-Bentz, etc., tous en Prusse.

Quant au Mecklembourg, cette riche contrée lainière, c'est, après la France et la Moravie, la première qui ait abandonné l'Électoral pour le Négretti. Et l'on comprend qu'elle n'ait pas à le regretter, lorsqu'on voit des toisons de 4, 6, 8 et 10 kil. (en suint) amenées à un degré aussi remarquable de beauté que nous les montrent les expositions de MM. le baron Maltzahn à Lenschow et Hoffschlaeger à Weisin, Neumann à Gadebehm, Krüger à Cambs, de Passow à Grambow, de Meryenn à Gresse, Eggers à Zähren, Steffen à Medow, etc.

Allemagne méridionale. — Cette région de l'Europe centrale n'a jamais brillé sous le rapport de la laine. Ce n'est pas que l'espèce ovine fasse défaut ou que les conditions climatériques soient défavorables; mais la petite et la moyenne cultures y dominent, et la proximité de la France, ce précieux débouché pour la viande, y donne au mouton de boucherie trop d'avantage pour que la bête à laine fine ait jamais pu y devenir prépondérante. Le *Wurtemberg* (hors concours comme exposition gouvernementale), le pays le plus riche de la région en bêtes ovines, a exposé, sous les auspices du Comité central d'Agriculture, 45 lots de toisons divisées en trois séries : fine, moyenne et grossière, et parmi lesquels on n'a pu découvrir que deux lots remarquables par la finesse, ceux de la Bergerie royale d'Achalm et du baron d'Ow, à Wachendorf, mélange d'Électoral et de Négretti, fort beaux, incontestablement, mais qui seraient peut être remplacés avantageusement par du Rambouillet dans cette contrée avancée, où la viande a grande valeur. Du reste, beaucoup de lots offraient des traces manifestes de croisements antérieurs entre les bêtes communes du pays et le Dishley ou le Southdown, moyen d'amélioration très-rationnel ici, et qui, comme tous les autres, a été grandement facilité par d'augustes sympathies pour l'agriculture (1).

(1) On sait que la famille royale de Wurtemberg a toujours montré une grande prédilection pour l'agriculture et que le feu roi était un des agronomes les plus capables de son royaume.

Autriche et Hongrie. — Ces deux portions du même empire offrent des conditions physiques et économiques assez différentes pour qu'il soit rationnel de les séparer au point de vue de la production lainière. La première, comprenant la Bohême, la Moravie, la Silésie autrichienne et l'archiduché d'Autriche, est probablement, après l'Espagne et le Roussillon, le pays de l'Europe le plus anciennement doté de mérinos, car c'est en 1755 (dix ans plus tôt qu'en Saxe et trente-deux ans plus tôt qu'en France et en Prusse) que l'impératrice Marie-Thérèse importa d'Espagne un troupeau de brebis et béliers de choix, dont elle plaça la plus grande partie chez un agriculteur distingué, le baron de Geisler, à Hoschtitz (Moravie).

Il paraît certain que ces animaux étaient semblables à ceux qui plus tard furent introduits en Saxe. Mais, tandis que ceux-ci se transformaient en Électoraux, les premiers devenaient des Négrettis. Le climat et le sol contribuèrent peut-être à cette différence ; mais elle est due surtout à la sélection. En Saxe on sacrifiait tout à la finesse ; à Hoschtitz on tenait beaucoup au poids de la toison. De là ces deux résultats si dissemblables. Hoschtitz et Rambouillet ont été les pépinières où ont puisé les éleveurs allemands et autres qui, à partir de 1846, ont successivement renoncé à l'Électoral.

On se tromperait cependant si l'on croyait que tout le pays a subi l'influence de ce troupeau à juste titre célèbre. Des bergeries importantes de la Moravie, de la Bohême, de la Silésie autrichienne, sont restées fidèles à l'Électoral, et, en examinant l'exposition des laines de ces contrées, on s'est trouvé dans une perplexité presque aussi grande que pour l'exposition de la Silésie prussienne. Il y avait là en effet neuf exposants de premier ordre, non moins remarquables pour l'importance de leurs troupeaux que pour la beauté de leurs laines, suivant de très-près celles de la Silésie pour la finesse et supérieures peut-être pour la douceur et la longueur. Ce sont, par ordre de mérite : MM. le comte de Thun, à Perutz (Bohême) ; Meinert, à Partschendorf (Moravie) ; le prince de

Schwartzenberg, à Protivin (Bohême) ; le prince de Lichtenstein, à Prague (Bohême) ; le duc Camille de Rohan, à Prague (Bohême) ; le baron Kost de Dobrz, à Heiligenkreutz (Bohême); Joseph Mahacek, à Horowitz (Bohême) ; le baron de Mundy, à Drnowitz (Moravie) ; le comte Larisch, à Karvin (Silésie autrichienne).

La Hongrie, y compris la Croatie et la Translyvanie, est peut-être le pays de l'Europe où la tenue du mouton superfin présente aujourd'hui le plus de profit, ou le moins de perte. Climat, fertilité du sol, étendue des propriétés, rareté de la population (dans la partie centrale et orientale), tout contribue à rendre cette tenue plus facile et plus économique. Aussi comprendra-t-on que, là, également, nous ayons rencontré la difficulté qu'offraient les expositions silésienne et autrichienne. Une récompense collective a été décernée en conséquence à MM. le comte Joseph Hunyadi, à Uermeny ; le comte Festeticz, à Molnary ; le comte Edmond Zichy, à Saint-Michaly ; le comte Waldstein, à Csieso.

Malgré cette convenance du pays pour la bête à laine surfine, on a constaté, depuis 1848, dans les existences, une diminution qu'on évalue à environ 16 pour 100 et qui paraît tenir principalement aux changements politiques survenus, notamment à la suppression des dîmes en paille et fourrages dont profitaient les grands prossesseurs de troupeaux. Du reste, si le nombre des Electoraux se réduit, on voit le type mérinos s'étendre chaque jour en s'infusant dans les races communes, qu'on ne rencontre plus en grande quantité et pures que dans les districts montagneux et dans les comitats voisins de Vienne, où la production de la viande a une grande importance. Le comte de Sandor, à Bia, et M. Kretschmar, à Rimaszombat, ont exposé des laines de ces races qui paraissent se rapprocher des meilleures races semi-sauvages de l'Angleterre et qui sont précieuses par leur rusticité et par la qualité de leur viande.

A ces données nous ajoutons la notice suivante que nous

devons à l'obligeance d'un des hommes les plus compétents de France, M. Lanseigne aîné.

§ 3. — Caractère général des laines d'Autriche dans les qualités surfines et fines. Production, vente, etc. (par M. Lanseigne).

« *Hongrie*. — Grande douceur et ténuité, souvent même maigreur de brin, aspect et toucher cotonneux ; peu de nerf, en général, relativement aux autres provenances d'Allemagne et même d'Autriche. C'est en Hongrie que se trouvent aujourd'hui les laines les plus fines pour la draperie, bonnes parfois, même riches de nature ; on ne peut leur reprocher que la maigreur pour certains emplois. La laine de Hongrie convient principalement aux articles tissus légers, elle n'est pas assez corsée pour fournir *la main* demandée aux tissus forts.

« *Moravie*. — Plus pleine que la Hongrie, quoique ne donnant pas autant de finesse ; très-estimée pour la draperie ; bonne nature pâteuse.

« *Silésie*. — Mêmes qualités que la précédente, mais participant de la nature plus nerveuse de la Silésie prussienne, et, en même temps, de celle plus maigre des laines d'Autriche.

« *Bohême*. — Laine forte, moins bonne de nature, déjà un peu dure ; mèche plus carrée ; plus de propriété au peigne, pour cela même.

« *Autriche* (archiduché). — Quoique se rapprochant de la laine de Hongrie, elle n'en a pas, dans les qualités fines, la noblesse ; elle est aussi moins cotonneuse.

« *Galicie*. — Présente également quelque analogie avec la laine de Hongrie, mais elle ne la vaut pas ; elle a moins de race et est, dans les belles qualités, plus maigre, plus chétive de brin, plus sèche, et, dans les sortes inférieures, plus crineuse.

Prix moyen depuis cinq ans.

```
Surfines....  7f 50  (écus, prix de revient à la frontière)  12f      lavage à fond.
Fines......   6 50        —                                   10           —
Moyennes...   5           —                                    7           —
Ordinaires..  4           —                                    6 50        —
Tout à fait
communes..    3 50        —                                    5           —
```

Emploi principal.

« *Laine surfine*. — Draperie fine, un peu le peigne fin.

« *Fine*. — Draperie, aussi un peu le peigne.

« *Moyenne*. — En presque totalité le peigne pour les laines d'une tonte.

« *Ordinaire*. — Les laines de deux tontes, c'est-à-dire tondues deux fois l'an et donnant des laines dites d'hiver et celles dites d'été, trouvent leur emploi dans les draps à bas prix du commerce et de la troupe.

« *Communes, Zakél* et *Zigaie*. — Employées au peigne en remplacement des laines anglaises longues. Faible portion pour couvertures.

Principaux débouchés.

« *Laine surfine*. — La France, presque uniquement; la fabrique de draps indigène dans une faible proportion.

« *Fine*. — France, dans une certaine proportion; la fabrique indigène en grande majorité.

« *Moyenne et ordinaire*. — La France, l'Autriche et l'Allemagne; l'Angleterre en très-petite quantité.

« Les deux tontes se consomment presque entièrement dans le pays, une très-faible portion en Allemagne.

« *Commune*. — Allemagne, France, Autriche, Belgique, et quelque peu en Angleterre.

Production en 1866 (chiffres approximatifs).

	Surfines.	Fines.	Moy. et ord.	Communes.
Hongrie	560,000 kil.	2,800,000 kil.	11,200,000 kil.	560,000 kil.
Bohême	110,000 —	840,000 —	840,000 —	
Moravie	55,000 —	340,000 —	340,000 —	
Silésie	85,000 —	225,000 —	225,000 —	
Gallicie		340,000 —	560,000 —	840,000 —
Autriche et autres provinces.		110,000 —	560,000 —	
Ensemble			20,590,000 kil.	

« *Changement survenu dans la production depuis cinq ans, tant sous le rapport de la quantité que sous celui de la qualité.* — En raison de la hausse du change, qui entraîne naturellement avec elle l'élévation des prix nominaux, le producteur a poussé de tous ses moyens, dans ces dernières années, à l'augmentation de quantité de ce produit d'une réalisation toujours sûre et si facile; mais cette augmentation porte seulement sur les qualités ordinaires; les belles laines diminuent au contraire chaque année, par suite de la mise en location de portions des grands domaines et des frais qu'entraîne la conservation des troupeaux d'élite, frais que de simples fermiers ne peuvent prendre à leur charge, surtout en présence du peu de profit qu'ils en retireraient.

« *Quantité enlevée par chaque pays.* — Il est impossible de préciser exactement la part de chaque pays dans la consommation des laines d'Autriche. La France doit prendre au moins 3 millions de kilogrammes de laines surfines, fines, moyennes et ordinaires, sans compter les laines tout à fait communes; l'Allemagne, presqu'autant en poids que la France, mais principalement en qualités inférieures; la Belgique, l'Italie, la Suède, un peu en laines moyennes ordinaires et communes; l'Angleterre, très-peu en laines ordinaires et communes. Le reste est consommé dans le pays même. » (*Fin de la note de M. Lanseigne.*)

§ 4. — Autres pays producteurs.

Russie. — Les conditions climatologiques d'une grande

partie de ce colossal empire sont peu favorables à l'élevage du mouton fin et surfin. Des étés très-chauds et très-secs, des hivers très-froids et très-prolongés, même dans le midi, augmentent en effet singulièrement les frais d'entretien. Et, néanmoins, le centre et le midi de la Russie d'Europe renferment des troupeaux considérables de mérinos purs ou croisés, outre les bêtes communes en bien plus grand nombre. C'est que, comme compensation, il y a là un sol presque partout fertile et des domaines d'une étendue considérable, exploités par une classe de propriétaires généralement éclairés, qui ont compris aisément que, avec les deux grands obstacles que rencontre la culture arable en Russie, la rareté des voies de communication et l'insuffisance des bras, le mouton était pour eux la meilleure source de revenus. Aussi la plupart s'y sont-ils adonnés complétement et ont-ils organisé toute leur culture en vue du troupeau.

D'après Reden, la Russie d'Europe, y compris la Pologne, possédait en 1846 :

36,521,715 bêtes communes,
8,652,360 mérinos.
45,174,075 têtes.

Ce nombre a dû s'accroître depuis d'au moins moitié en sus. Les anciennes provinces polonaises conservent encore un certain nombre de troupeaux de race électorale. Dans le centre et le midi, c'est le Négretti qui domine, mais modifié par les conditions locales, de telle sorte que, s'il a perdu un peu de finesse, il a gagné en poids des toisons et surtout en rusticité. Les renseignements fournis par plusieurs grands éleveurs tendraient à faire considérer en effet le Négretti russe comme un des membres les plus robustes de la grande famille des mérinos. Cette rusticité est précieuse, non-seulement à cause du climat, mais encore à cause du nombre considérable de têtes composant la plupart des troupeaux. Avec des troupeaux de 50, 75, 100 et même 400,000 têtes, les soins ne peuvent être ceux qu'exigerait une race délicate et qu'on ne peut donner qu'à un troupeau restreint.

Les laines fines et surfines de l'ouest ont à peu près le caractère, la valeur et l'emploi des laines analogues d'Allemagne. Celles du midi, de beaucoup les plus abondantes, servent en partie à la draperie fine et moyenne, et en partie au peigne. On leur reprochait d'être tendres et maigres et souvent galeuses. Elles paraissent s'être améliorées aujourd'hui, grâce au progrès général de la culture et à plusieurs grands établissements de lavage et d'assortiment, tels que celui de M. Allar, à Kherson, et autres qui se sont créés dans la région et qui rendent de notables services aux producteurs comme aux acheteurs.

Après la consommation intérieure, qui s'adresse plus particulièrement aux espèces grossières et communes, c'est la France qui emploie le plus de laines de Russie.

Turquie. — Grâce aux admirables ressources naturelles qu'il possède, ce pays est riche en bêtes ovines. Ce fait que, en 1866, la France en a tiré près de 12 millions de kilogrammes de laine suffirait pour le démontrer. Ces laines, dont un certain nombre de toisons figuraient à l'Exposition, sont presque toutes communes et jarreuses. La plupart des races indigènes appartiennent en effet au type semi-sauvage. Mais il en est cependant, comme celles de Salonique, d'Andrinople, de Para, dont la laine est moins jarreuse et plus fine que la moyenne, et qui pourraient être améliorées par le seul effet de bons appareillements. D'autres se rapprochent pour le poil et le duvet de la chèvre d'Angora, également indigène dans plusieurs parties de ce vaste empire.

Multiplier par croisements ou importation cette précieuse race caprine partout où elle peut convenir, c'est-à-dire où les conditions sont analogues à celles de son pays d'origine, et surtout introduire, par les mêmes moyens, le sang mérinos dans tous les troupeaux des localités assez avancées pour en tirer profit, serait une œuvre d'une grande utilité pour la Turquie et digne en tous points du gouvernement éclairé et si bien intentionné du sultan actuel. Le succès est peu douteux, car le climat de la Turquie est des plus favorables à la race mérine. Du reste, l'administration paraît être entrée dans cette voie, et nous avons vu de bonnes toisons métisses dans l'exposition de la Ferme-modèle impériale, près de Constantinople. Là, comme dans toutes les localités riches, à proximité des grands centres de population, nous croyons que le Rambouillet pur serait tout à fait à sa place, tandis que, dans les contrées moins fertiles et où la viande a peu de valeur, le Négretti du midi de la France ou d'Espagne conviendrait mieux.

M. Elsner, de Gronow, évalue à plus de 14 millions le nombre des bêtes ovines que possède la Turquie. Quoique élevé, ce nombre nous paraît inférieur à la réalité. En tous cas, nous croyons que ce pays pourra facilement arriver à un effectif de 40 millions de têtes, quand une bonne partie du territoire cultivable sera utilisée et que la sécurité et la justice règneront partout.

Espagne. — Ce berceau du mérinos, du moins en Europe, après avoir été, pendant des siècles, le seul possesseur de cette race précieuse, et par conséquent le seul producteur de laine fine, s'est vu non-seulement privé de son fructueux monopole, mais encore grandement distancé par les pays que nous avons cités plus haut. On en a conclu, peut-être à tort, que l'Espagne avait laissé dégénérer ses mérinos. Que, depuis la suppression, du reste fort avantageuse au pays, des privilèges les plus exorbitants de la *Mesta*, quelques grands propriétaires aient réduit leurs troupeaux; qu'ils leur aient accordé un peu moins de soins, moins d'avances, c'est possible et même probable; mais de là à une décadence il y a loin. Nous avons de fortes raisons de croire que les mérinos exportés d'Espagne dans le siècle dernier, et dont la descendance est devenue l'Électoral en Saxe, le Rambouillet aux environs de Paris, le Négretti à Hoschtitz et dans le Mecklembourg, avaient une grande ressemblance avec les beaux *Léonais*, *Ségoviens* et *Sorians* d'aujourd'hui. L'Espagne n'a donc pas précisément reculé ; elle est restée stationnaire, tandis que les pays en question marchaient en avant.

Aujourd'hui, elle semble vouloir les suivre. Nous en trouverions au besoin la preuve dans les belles toisons exposées par MM. Al. Alvarez, à Lario, Angel Romero, à Soria, Victor Sanchon, à Talera de Arriba, Pio del Castillo, à Avila, Perez Crespo, à Ciudad-Real, Mme Vve de Contreras, à Ségovie, Voto Nassarre, à Huesca, et autres, et surtout dans les efforts faits pour l'amélioration des troupeaux par plusieurs fonctionnaires éminents, en tête desquels nous citerons l'honorable gouverneur d'Albacète, M. Navarro, et M. de Santos, directeur des affaires agricoles. Sans doute ces toisons sont inférieures à celles des Électoraux de France, de la Silésie, de la Bohême, de la Hongrie, des Rambouillet et Godins, et même des Négretti du Mecklembourg ; mais, outre que, depuis 1815, les circonstances politiques et sociales n'ont pas été aussi favorables au développement de l'agriculture en Espagne que dans les autres pays cités, il faut bien tenir compte aussi du régime auquel sont soumis la plupart des troupeaux, du moins des troupeaux fins, dans ce pays. Ce régime, c'est la vie en plein air avec la *transhumance*. Or, nous l'avons déjà dit, ce régime peut se concilier, sous un climat favorable, avec une finesse moyenne, jamais avec une finesse supérieure. Celle-ci exige impérieusement la bergerie et la nourriture au dedans pendant toute la mauvaise saison.

Du reste, il est à croire, et l'exemple d'autres contrées le prouverait, que les laines actuelles de l'Espagne sont loin encore de la limite de finesse qu'admet ce régime, surtout aidé de la transhumance. Pour atteindre cette limite, l'Espagne n'a nul besoin de faire des emprunts à l'étranger ; elle possède tous les éléments nécessaires. Une bonne et intelligente sélection suffira pour la conduire au but.

Outre les mérinos, il y a dans ce pays beaucoup de moutons communs à laine blanche et noire, la plupart *estante* (à demeure). Cette laine sert presque en entier à la consommation intérieure. Quoique d'un intérêt secondaire, plusieurs de ces races sont également aujourd'hui l'objet de tentatives, en partie bien réussies, d'amélioration, soit au moyen de croisements avec les mérinos, soit par la sélection.

Portugal. — Ce pays, quoique son climat soit le même que celui de l'Espagne, n'a pas de mérinos. Peut-être cette différence tient-elle à une différence de relief. Le Portugal est en effet privé des hautes montagnes sur lesquelles les troupeaux de mérinos espagnols vont chaque année estiver. La transhumance est assurément un moyen d'atténuer les inconvénients de la vie en plein air; néanmoins elle n'est pas indispensable au mérinos, même au beau mérinos, avec un climat comme celui du Portugal; ce qui se passe dans l'Australie, le Cap, la Plata, le prouve suffisamment. Donc le Portugal pourra tenir des mérinos quand il le voudra, et, si les agriculteurs portugais veulent faire ce que nous recommandons pour l'Algérie, établir des abris et se précautionner de fourrages verts ou secs pour l'arrière-été et le cœur de l'hiver, nous croyons pouvoir leur assurer le succès.

Les laines exposées, noires et blanches, étaient toutes plus ou moins communes, les dernières surtout, très-chargées d'un suint épais, gluant, et qui rend le lavage difficile. Le Portugal n'est pas, plus que les autres pays du midi, un grand consommateur de viande; ce n'est donc pas leur supériorité pour la boucherie qui lui fait conserver ces races communes, c'est probablement leur rusticité. Mais, si, par quelques soins, quelques faibles dépenses de plus, le croisement avec de bons mérinos espagnols, à lourdes toisons, doublait le poids et triplait la valeur de celles-ci, l'avantage serait manifeste. C'est aux grands propriétaires à en tenter l'essai, et, en cas de réussite, à entrer largement dans cette voie, qui nous semble devoir assurer de grands avantages à ce pays où, grâce à un gouvernement éclairé, tous les progrès réels trouvent aujourd'hui aide et encouragement.

Italie. — Ce que nous disons du Portugal, nous le dirons également de l'Italie. Si les conditions économiques du nord de la Péninsule sont en général peu favorables au mouton, celles du centre et du midi semblent au contraire l'appeler à y constituer le bétail le plus important; car là, grâce aux Apennins, la transhumance est possible et pratiquée. Du reste, le nombre des bêtes à laine y est assez grand, 8,200,000 têtes d'après le général de Sambuy; mais ce sont presque toutes bêtes communes, appartenant même en partie au type demi-sauvage. Il est évident que là également une large infusion du sang mérinos est tout indiquée. Aussi doit-on applaudir aux efforts que font, dans ce sens, plusieurs agriculteurs éminents, en tête desquels nous placerons M. E.-B. Collachioni, près Florence, qui a un troupeau de mérinos purs pour l'élève des reproducteurs, et dont les béliers commencent à être appréciés et à se répandre dans les provinces voisines. Leur laine, qui offre le cachet mérinos exagéré, les rend, par ce défaut même, très-aptes à cette œuvre de croisement.

Si maintenant nous ajoutons que l'Exposition avait reçu de *Suède* quelques toisons mérinos qui ne manquaient pas de mérite, mais prouvaient plus en faveur de l'éleveur qu'en faveur du lieu, et de la *Roumanie* des laines de cette race demi-sauvage connue sous le nom de race valaque qui, elle aussi, réclame le croisement avec le mérinos comme l'amélioration la plus conforme aux conditions économiques et physiques de ce pays; enfin que nous n'avons pu découvrir l'envoi de l'unique exposant de laines *anglaises* qui figurait sur le Catalogue, laines en grande partie destinées au peigne et dont la France importe annuellement de 2 à 3 millions de kilogrammes, nous aurons terminé cette revue de la production lainière en Europe et dans les contrées voisines.

Il nous reste à examiner rapidement cette production dans les trois pays déjà fréquemment cités : l'Australie, le Cap et la Plata. On nous saura gré de placer ici les notes intéressantes que nous devons, sur les laines de ces pays, à nos honorables collègues, MM. Lanseigne aîné et Aubée, en les faisant précéder de quelques observations.

Australie et Nouvelle-Zélande. — C'est en 1797 que le capitaine John Mac Arthur amena les premiers mérinos, trois béliers et cinq brebis, en Australie. Les progrès de ce petit troupeau furent très-lents au début, car c'est seulement en 1807 que fut expédiée en Angleterre la première balle de laine australienne. Ils s'activèrent un peu plus jusqu'en 1820, mais ce n'est qu'à partir de cette époque qu'ils devinrent d'une rapidité véritablement prodigieuse, à mesure que la colonisation, jusque-là bornée à la Nouvelle-Galles du Sud et à la Tasmanie, s'étendait à l'Australie de l'Ouest et du Sud, à Victoria, à Queensland, à la Nouvelle-Zélande, et que partout on trouvait des conditions extrêmement favorables à l'élève des bêtes fines. Ainsi ces huit mérinos ont été la souche des existences actuelles qu'on évalue à 38 millions de têtes, et il n'a fallu pour cela qu'un laps de temps bien court dans la vie d'une nation, soixante-dix ans !

Cet accroissement phénoménal s'explique du reste par ce fait que, en Australie, la viande n'ayant aucune valeur, on garde les animaux tant qu'ils sont vigoureux et productifs. Mais cette méthode n'est pas sans inconvénient pour la qualité, et elle explique les plaintes qu'on va lire. On ne parvient en effet à maintenir, et, à plus forte raison, à développer une qualité dans un troupeau qu'en réformant successivement tous les animaux qui ne la possèdent pas à un degré suffisant.

Ce que nous disons ici expliquera comment ce pays lainier de premier ordre n'a pas eu plus de récompenses.

La *Colonie Néo-Zélandaise* date d'hier ; elle ne s'est fondée, elle ne s'étend que les armes à la main, et néanmoins elle exporte déjà plus de 10 millions de kilogrammes de laine. C'est que le climat est plus favorable encore qu'en Australie à la tenue des bêtes ovines. Là, en effet, jamais de ces sécheresses intenses et prolongées qui, en Australie, compromettent si souvent l'existence des troupeaux. En revanche, cette température presque toujours douce et humide nous paraît plus favorable à la production de la laine lisse qu'à celle de la laine mérinos. Les échantillons exposés corroborent du reste cette opinion, et prouvent qu'on ne pourra y maintenir au mérinos son caractère spécial qu'en raffraîchissant très-fréquemment le sang. Voici la note de M. Lanseigne sur les laines d'Australie et du Cap.

§ 5. — Note (de M. Lanseigne) sur les laines d'Australie et du Cap.

« *Australie.* — Le caractère général des laines d'Australie est la blancheur naturelle, l'élasticité, la finesse régulière, la force ; ces laines sont généralement ductiles ; elles prennent facilement la torsion, et elles conviennent également pour le peigne et pour la carde ; mais, lorsqu'elles ont la hauteur de mèche et la force voulues, elles sont préférables pour le peigne ; on en tire un meilleur parti. La blancheur de lait est une qualité recherchée par cette industrie.

« L'augmentation considérable de la production, qui a presque doublée depuis six à sept ans, a nui beaucoup à la qualité ; au lieu de trouver les deux tiers de laines à peigne, on n'en trouve guère plus que moitié, et cette moitié n'a pas la valeur relative des deux tiers précédents. L'augmentation dans la production est d'environ 11 à 12 pour 100 par an, en moyenne, depuis 1862. Il faut beaucoup de soins pour empêcher la dégénération ; les propriétaires visent à la quantité et non à la qualité. L'Australie possède, en 1867, 35 millions de moutons au moins.

« La production, en 1866, a été de 348,000 balles, tant en suint que lavée à dos et à chaud ; il est difficile d'en établir la proportion.

« Les balles en suint pèsent en moyenne de 170 à 175 kilogrammes ; elles perdent 62 pour 100 en moyenne, lavage à fond.

« Les balles lavées à dos, 140 à 150 kilogrammes, perdent 33 pour 100 en moyenne.

« Les balles lavées à chaud pèsent le même poids et perdent 16 pour 100 en moyenne.

« Cette production se divise ainsi :

82,000 balles	Sydney	$1/4$	pour peignes.
142,000 —	Port Philipp	$2/3$	—
41,000 —	Adélaïde	$1/2$	—
16,000 —	Vandiemen	$3/4$	—
64,000 —	New-Zélande	$3/4$	—
3,000 —	Swan River, laine dure, commune, nature médiocre.		

348,000 balles.

« Dans cette quantité :

203,000 balles ont été employées par l'Angleterre.
118,000 — ont été achetées pour la France.
27,000 — ont été achetées pour divers pays.

348,000 balles, chiffre officiel, d'après les détails donnés par la douane anglaise.

« Le prix moyen, en 1866, a été, d'après la statistique anglaise, de 18 deniers la livre, comprenant les laines en suint, les lavées à dos et quelques balles lavées à chaud ; 18 deniers représentent 4 fr. 20 le kilogramme à Londres ; mais voici une donnée plus exacte qui nous est particulière. Nous avons acheté en 1866, à Londres, en mars, mai, juin, août et septembre, 3,500 balles choisies, dont le prix d'ensemble a été de 8 fr. 40 le kilogramme, lavage à fond ; mais on peut se baser sur le prix moyen de 8 francs le kilogramme pour l'ensemble des laines 1866.

« L'emploi de ces laines est principalement pour l'industrie du peigne, fabrication des tissus ras pour femmes et pour hommes, châles, et particulièrement pour les tissus mérinos et leurs dérivés, etc., etc. En Angleterre, ces laines sont consommées à Bradford, Leeds, etc. En France, elles sont consommées à Roubaix, à Fourmies, à Reims, au Cateau, etc.; en Allemagne, dans différentes fabriques. Les laines les plus faibles pour l'industrie de la carde trouvent leur emploi, en France, à Elbeuf, Louviers, Reims, etc., principalement pour articles de hautes nouveautés, etc.; en Belgique, nouveautés et draperie; en Angleterre, dans les districts manufacturiers, particulièrement pour la draperie et aussi pour la nouveauté.

« *Cap.* — Les laines du Cap se présentent, comme les laines d'Australie, à l'état de suint, de lavées à dos et de lavées à chaud; mais elles sont moins fines, d'une nature très-tendre, très-molle, et courtes de mèches; il y en a beaucoup de défectueuses, renfermant quelques graterons et plus particulièrement une graine difficile à extirper. Cependant elles se sont beaucoup améliorées depuis quelques années; il y en a même de fort bonnes dans le nombre et qui se peignent; le conditionnement général devient meilleur chaque année.

« Ces laines ne conviennent absolument que pour l'industrie de la carde. L'Angleterre et les Pays-Bas les consomment toutes pour ainsi dire; les autres ne les aiment pas, à l'exception des États-Unis qui les tirent directement du Cap.

Production. — Prix. — Rendements.

« Les arrivages à Londres ont été :

En 1864 de..	69,000 balles.
1865	100,000 —
1866	107,000 —

« Le prix moyen, en 1866, a été :

Pour les suints de........	9	deniers la livre, soit	2f 10	le kil. à Londres.
— à dos de........	11 ½	—	3 35	—
— lavés à chaud de	16	—	3 70	—

Le déchet moyen des suints est de.................. 68 à 70 %
  —   lavés à dos est de............. 33 —
  —   lavés à chaud est de........... 25 —

« L'accroissement de l'exportation de cette colonie sur l'Angleterre, en 1866, est d'autant plus remarquable que les expéditions aux États-Unis ont repris sur une assez large échelle. On a remarqué que les laines de 1866 étaient mieux conditionnées que celles des précédentes années. »

§ 6. — Note (de M. Aubée) sur les laines de la Plata.

« Il fut un temps, peu éloigné encore, où les fabriques françaises étaient presque exclusivement approvisionnées par les laines indigènes ; en s'améliorant sous tous les rapports, elles s'étaient substituées aux laines d'Espagne, qui n'entraient plus dans la consommation de notre industrie que pour une portion relativement minime. Vers 1830, les laines d'Allemagne commencèrent à se répandre et remplacèrent à leur tour les laines indigènes, mais uniquement pour la fabrication des étoffes fines. Parallèlement, les laines de Russie entrèrent dans la consommation, pour les articles dits *nouveautés* et pour l'industrie du peigne.

« Pendant que cette transformation s'opérait dans le mode d'approvisionnement de nos fabriques, les colonies anglaises des terres australes et du cap de Bonne-Espérance s'adonnaient à l'élève du mouton, et expédiaient sur les marchés de Londres et de Liverpool des quantités de laine qui s'élevaient d'année en année et commençaient à attirer l'attention de nos industriels.

« En 1857, l'importation de ces laines en France était déjà de 50,000 balles ; elle s'est élevée jusqu'à 200,000 balles en 1865, toutes achetées sur le marché de Londres.

« Dès 1813, eut lieu à Buenos-Ayres l'introduction des premiers bons types européens de l'espèce ovine. Ce premier essai fut sans résultat. Onze ans plus tard, le président de la République Argentine favorisa à Buénos-Ayres l'importation de cent moutons noirs d'Espagne et de cent moutons anglais southdown. Ces animaux furent croisés avec des brebis pampas ; mais ces croisements n'eurent aucun résultat utile.

« Ce ne fut, en réalité, qu'en 1826 que commença d'une manière sérieuse l'élève du mouton fin. A cette époque, le gouvernement argentin provoqua une nouvelle expédition de bonnes bêtes mérinos, à laquelle furent adjoints des bergers allemands. MM. Hannah et Sheridan formèrent, avec les bêtes de cette expédition, leurs principaux établissements, existants encore, et c'est à leur initiative qu'est due principalement la propagation des belles races qui ont si rapidement progressé depuis dix ans sur les rives de la Plata.

« En 1836, grâce à l'initiative intelligente de M. Juan Hannah, administrateur de l'établissement des Galpones, la race mérinos dite *Négretti*, dont l'exposition des éleveurs du Mecklembourg a présenté de si beaux types, commença à se répandre ; elle est encore aujourd'hui préférée aux autres types européens, à cause du poids de sa toison, de sa rusticité et de sa résistance à la dégénération. Les difficultés inhérentes à toute création de cette nature, ainsi que les troubles politiques, entravèrent, pendant longues années, le développement de l'élève du mouton ; néanmoins l'exportation des laines de Buenos-Ayres était passée, de 3,500 balles en 1840, à 17,000 balles en 1850.

« Sur l'autre rive de la Plata, dans la bande orientale, l'exemple de la République Argentine avait été suivi ; de beaux troupeaux se formaient, et, en 1860, 6,560 balles étaient expédiées du port de Montevideo.

« C'est à partir de cette époque que la production de la laine prit, dans les deux républiques, un essor véritablement merveilleux, ainsi qu'on peut le voir par les deux tableaux qui suivent :

EXPORTATION DE BUENOS-AYRES.

ANNÉES.	NOMBRE de BALLES (1).	OBSERVATIONS.
1832............	944	
1840............	3,577	Augmentation en huit ans, 280 p. 100.
1850............	17,069	— — dix — 380 p. 100.
1854-1855........	27,677	— — cinq — 62 p. 100.
1855-1856........	33,273	— — un — 20 p. 100.
1856-1857........	37,835	— — — — 14 p. 100.
1857-1858........	34,255	Année de la crise européenne.
1858-1859........	49,970	Augmentation en deux ans, 11 p. 100.
1859-1860........	38,482	Année d'épidémie.
1860-1861........	60,892	Augment. sur l'année antérieure, 58 p. 100.
1861-1862........	65,216	— — 5 ¾ p. 100.
1862-1863........	78,697	— — 21 p. 100.
1863-1864........	91,381	Année d'épidémie, — 16 p. 100.
1864-1865........	130,532	— — 43 ½ p. 100.
1865-1866........	144,167	— — 10 ½ p. 100.

(1) Les balles sont de 400 kilogrammes en moyenne.

EXPORTATION DE MONTEVIDEO.

ANNÉES.	NOMBRE de BALLES (1).	OBSERVATIONS.
1860............	6,568	
1861............	7,553	
1862............	11,383	
1863............	14,949	
1864............	18,864	
1865............	31,764	
1866............	40,377	

(1) Les balles sont de 450 kilogrammes en moyenne.

« Les laines de la province de Buenos-Ayres sont fines, douces, mais, en général, elles manquent de nerf. Elles conviennent donc principalement pour l'industrie de la carde. Les laines de la bande orientale sont plus nerveuses, mais moins douces et moins régulières. Cette province possède des troupeaux très-distingués et très-considérables, mais l'ensemble de la production est moins fin que dans la province de Buenos-Ayres. Les laines seraient très-bonnes pour l'industrie du peigne, à cause de leur nerf, sans le défaut dont elles sont entachées, comme toutes les laines de la Plata.

« Les magnifiques prairies naturelles que possèdent ces contrées produisent en grande quantité une espèce de légumineuse excellente pour la nourriture du bétail, mais dont la graine, plate, hérissée de petits crochets, nommée dans le pays *carétille*, se cramponne, pour ainsi dire, à la toison, d'où il est très-difficile de l'arracher.

« La province de Cordova, dans la Confédération Argentine, produit des laines communes; comme celles de l'Uruguay, elles sont très-bonnes pour la fabrication des draps militaires. La province d'Entre-Rios est celle dont les produits sont le moins estimés, bien que plusieurs propriétaires soient arrivés à un certain degré d'amélioration; mais l'influence du sol et du climat s'y fait toujours sentir à la fabrication : ces laines sont généralement maigres et dures.

« En résumé, ce sont les laines de la province de Buénos-Ayres qui l'emportent par leurs qualités; elles se filent très-bien et sont employées à Elbeuf, aussi bien pour la draperie lisse noire que pour les articles de nouveauté. Leur douceur naturelle se trouve dans les étoffes.

« Pendant longtemps, on enleva la carétille à la main; ce travail long et coûteux fut naturellement un grand obstacle à la généralisation de l'emploi de cette matière; mais quand, au moyen de machines perfectionnées (1), on put la débarrasser non-seulement de la carétille, mais encore des autres graines et

---

(1) On cherche un procédé chimique qui, sans altérer la laine, réduirait en poussière tout ce qu'elle contient de végétal; ce serait un grand progrès. Les meilleures machines ont le défaut de briser la laine, ce qui la rend impropre à être peignée.

des pailles dites *fléchilles,* qu'elle prend dans certaines contrées, elle se répandit avec une grande rapidité dans beaucoup de fabriques, et, pour en donner un exemple, la fabrique d'Elbeuf, qui, avant 1860, recevait 3 à 4,000 balles de laine de la Plata, en employera, en 1867, au moins 30,000, abandonnant, dans une certaine proportion, l'emploi des laines d'Australie et de Russie, et même celles de France et d'Allemagne.

« La Belgique a précédé la France dans cet emploi, et le marché du Havre ne faisait pas encore d'affaires sur cet article que celui d'Anvers avait atteint une grande importance. Ce dernier port recevra cette année environ 100,000 balles, et le port du Havre, dont l'importation, en 1858, n'arrivait pas à 9,000 balles, atteindra 60,000 balles. Le port de Bordeaux voit son importation s'accroître également, mais dans une moindre proportion ; elle consiste principalement en peaux de moutons.

« En Angleterre les laines de la Plata sont peu goûtées, sans doute par ce sentiment national qui distingue les anglais ; ils donnent la préférence aux laines de l'Australie et du cap de Bonne-Espérance. Une circonstance très-fâcheuse pour les producteurs de laines de la Plata, parce qu'il en est résulté un grand abaissement dans leur valeur vénale, a contribué au grand développement des marchés d'Anvers et du Havre. Le gouvernement des États-Unis, qui est poussé à recourir aux mesures protectionnistes pendant que l'Europe y renonce, a frappé les laines, à leur entrée dans l'Union, de droits quasi prohibitifs. Les fabriques de ce grand pays employaient beaucoup de laines de la Plata, qui, naturellement, ont dû refluer vers l'Europe.

« Ainsi trois faits ont contribué à abaisser les prix de cette matière et à les tenir, toujours à valeur égale pour le fabricant qui sait les employer, au-dessous des prix payés pour les sortes similaires des autres provenances : leurs défauts d'abord, la rapidité merveilleuse de leur production ensuite, et enfin la perte d'un débouché important. La baisse, depuis quatre ans, sur les laines de la Plata, peut être évaluée sans aucune exagération à 40 pour 100. Elle doit avoir pour effet d'arrêter le développement de la production, les éleveurs étant certainement en perte aujourd'hui.

« Voici un tableau qui donne une idée de l'accroissement de la production des laines dans l'autre hémisphère :

PAYS DE PRODUCTION.	POIDS EN 1859.	POIDS EN 1866.	AUGMENTATION EN SEPT ANNÉES.
Australie................	32 millions de livres (1).	66 millions.	108 %
Cap de Bonne-Espérance.	11 ½ —	21 —	87 %
La Plata.................	16 —	59 —	268 %

(1) Les quantités sont raisonnées en supposant toutes les laines comme lavées à fond.

« La production présumée proportionnelle d'une nouvelle période septennale conduirait donc à :

138,250,000 livres pour l'Australie ;
40,250,000 id. pour le cap de Bonne-Espérance ;
217,500,000 id. pour la Plata.

« Ce dernier calcul est purement approximatif ; évidemment, les prix ne pouvant se relever en face d'une semblable production, on ne doit pas supposer une nouvelle augmentation sensible. La consommation n'a pu se développer parallèlement dans une égale proportion, et, si l'on considère l'état actuel des affaires en Europe, il est bien à craindre qu'un trop plein ne se manifeste sur nos marchés. C'est donc un bon conseil à donner aux producteurs de s'arrêter dans l'accroissement de leurs troupeaux.

« Il est à regretter que l'exposition des laines de la Confédération Argentine n'ait pas été faite avec le soin que réclamaient l'importance de sa production et la distinction d'un grand nombre de troupeaux. En général, les propriétaires ont présenté la dépouille des animaux reproducteurs tenus dans les bergeries; les troupeaux n'y entrent jamais. Ce sont les produits que le Jury aurait désiré voir exposés et non les moyens de produire.

« L'exposition de Montevideo, au contraire, donne une idée parfaitement exacte des beaux troupeaux, comme aussi des laines moyennes et communes que produit la bande orientale. Les laines de la Plata viennent presque toutes en suint, dans d'énormes balles carrées, pressées et cerclées. Leur poids excessif les rend très-difficiles à manier et excite des plaintes générales ; en les réduisant de moitié, tout en leur laissant leur forme, il pourrait en résulter une légère augmentation dans les frais d'emballage ; mais elle serait compensée par une économie de bras et une plus grande facilité d'arrimage dans le navire.

« De Montevideo, il vient quelques laines lavées à froid ; ce sont en général les sortes médiocres qu'on prépare ainsi. Les laines lavées à dos sont une rare exception ; le lavage en est très-mauvais et donne par conséquent un bien mince avantage dans les frais de transport. » (Fin de la note de M. Aubée.)

§ 7. — Autres laines.

On nous saura certainement gré d'avoir donné *in extenso* la notice qu'on vient de lire.

Nous ne quitterons pas les laines sans mentionner : 1° deux exposants des États-Unis de l'Amérique du Nord, MM. Richard Richards et Boardman, tous deux du Visconsin ; le premier qui avait envoyé une belle et bonne toison du type Rambouillet, le second, une toison d'Électoral dégénéré. Ce sont de faibles échantillons d'une production qui est déjà considérable (ce pays possédait, en 1861, 30,268,674 bêtes ovines), et qui ne peut manquer de prendre rapidement un essor bien plus grand, aujourd'hui que cette branche est protégée par des droits presque prohibitifs contre la concurrence étrangère ; 2° des échantillons d'une excellente laine métis-mérinos, exposés par **M. R. C. Janion**, consul hawaïen à Liverpool, et provenant d'un troupeau d'Hawaï, pays dont les conditions physiques et économiques sont également favorables à la production de la laine fine; 3° enfin, les laines des Indes anglaises, envoyées par le gouvernement local, et que nous n'aurions pas citées, tant elles sont grossières, si l'énorme accroissement de leur importation en Angleterre, dans ces dernières années, ne prouvait qu'on a su, dans ce pays, en tirer un excellent parti.

Matières analogues à la laine.

Nous avons dit, en commençant, que le chameau, les diverses espèces du genre auchénien et plusieurs races de chèvre, produisent un duvet en tout semblable à la laine. Mais aucun de ces animaux ne peut soutenir la comparaison avec le mouton (surtout le mérinos) pour le rendement proportionnel. Chez tous, le produit est minime; chez la plupart, il est grossier. Aussi ne saurait-on tenir avec profit une seule de ces espèces uniquement pour sa dépouille annuelle, comme on le fait souvent pour le mouton. En revanche, comme produit accessoire venant s'ajouter à un produit principal, le travail chez le chameau et le lama, le lait chez la chèvre, cette dépouille peut offrir un certain avantage. Ce fait explique l'insuccès constant des tentatives d'introduction de l'alpaca et du lama dans les pays où, comme en Europe, on ne peut employer ce dernier comme bête de somme; il explique leur remplacement successif par le mouton, dans leur propre patrie, à mesure que la civilisation y pénètre.

Quant aux chèvres d'Angora et du Thibet, connues aussi sous le nom de chèvres de cachemire, outre le lait qu'elles donnent comme les autres chèvres, elles produisent le duvet le plus beau, le plus fin qui existe, ce qui n'empêche pas qu'il en ait été de ces animaux comme des lamas et alpacas. Ni en Europe, ni au Cap, ni à la Plata on n'a pu en tirer le moindre profit. C'est que ce duvet est en quantité extrêmement minime, que sa récolte, qui se fait au peigne, est longue et difficile, et qu'enfin il paraît se perdre après quelques générations partout ailleurs qu'au pays natal.

Quoi qu'il en soit, la Turquie, le Cap, le Chili et même l'Amérique du Nord avaient exposé de fort belles peaux et de fort beaux échantillons de poil et de duvet de ces chèvres. Le Chili, le Pérou, la Confédération Argentine avaient envoyé des échantillons très-remarquables de laine d'alpaga et de guanaco ; et enfin l'Algérie, la Turquie, l'Égypte et la Perse avaient exposé des poils et des laines de chameau de qualité variée.

De ces diverses matières, le poil et le duvet de chèvre seuls entrent pour une certaine quantité (20,805 kilogrammes en 1865) dans la consommation française.

Ajoutons avec regret que la presque totalité nous vient, non pas des pays d'origine, mais de l'Angleterre et de la Belgique, et qu'il en est de même pour toutes les laines d'Australie et du Cap (d'une valeur de 100 millions), et même pour une portion des laines de la Plata. Faut-il l'attribuer au défaut d'esprit d'entreprise de notre commerce ou à quelques-unes de ces formalités gênantes et inutiles dont fourmillent et surtout fourmillaient nos règlements d'administration publique et qui sont si efficaces pour retirer le mouvement et la vie ? C'est une question que nous ne nous permettrons pas de trancher.

Shoddy. — On donne ce nom à la laine obtenue de chiffons vieux et neufs qu'on effile, lave et déteint, et qu'on mêle avec de la laine neuve en proportions variées pour en fabriquer de nouveau des étoffes. Cette fabrication est d'origine anglaise. Elle a pris en Angleterre un développement qu'on appréciera par un seul chiffre : D'après Behrens, les fabriques anglaises ont employé, en 1865, 79 millions de livres (près de 36 millions de kilogrammes) de chiffons. Le moraliste sévère aurait bien quelque chose à dire sur cette étrange opération, qui, d'ailleurs, prive l'agriculture d'un engrais précieux; mais l'économiste et l'industriel se félicitent de voir une matière presque sans valeur utilement employée à la confection d'étoffes qu'elle permet de livrer à bon marché.

La préparation des chiffons de laine pure n'offre aucune difficulté. Il n'en est pas de même de celle des chiffons de laine et de coton. On emploie depuis quelque temps en Angleterre un procédé chimique qui détruit le coton en laissant la laine intacte. Ce procédé, dit-on, laisserait encore à désirer. MM. Chapoulard et Cie, de Limoges, s'en sont occupés et paraissent l'avoir perfectionné. Toujours est-il que la laine qu'ils ont exposée, et qui provenait de chiffons d'étoffes mélangées, était parfaite de pureté et de force.

Nous terminerons ce long rapport en mentionnant d'une manière toute spéciale le *lainier d'étude* de M. Setegast, directeur de la ferme expérimentale (Versuch-Station) de Proskau (Prusse), lainier qui, en présentant des spécimens des principales qualités et des principales défectuosités des laines, est aussi utile au producteur qu'au commerçant et au manufacturier.

Paris. — Imp. Paul Dupont, rue de Grenelle-Saint-Honoré, 45.